Decreta

una cosa y te será firme.

JOB 22:28

Decreta
una cosa y te será firme.

Patricia King

Contenido

Nota del traductor:

La palabra "decreta" viene de la raíz hebrea "gazar," que significa "cortar, dividir, decretar, decidir, determinar," según la versión original en inglés de la Concordancia de Strong y el Léxico Hebreo-Inglés de Brown, Driver y Briggs. Varias de las versiones de la Biblia en inglés usan la palabra "decreta" en Job 22:28. Aunque ni la traducción al castellano de estas obras, ni las versiones en castellano de la Santa Biblia incluyen el término "decreta," es una traducción fiel al original.

Introducción

La poderosa Palabra de Dios es capaz de influir en tu vida profundamente. En Cristo tienes un pacto eterno e irrompible. ¡Todas Sus promesas son "Sí" y "Amén" (*2 Corintios 1:20*) para ti! La confesión diaria de la Palabra fortalecerá tu hombre interior y te preparará para toda buena obra. A continuación se presentan algunas razones por las cuales la confesión de la Palabra es poderosa en nuestras vidas.

La Palabra de Dios:

* Es eterna en los cielos—*Mateo 24:35*
* No regresará vacía—*Isaías 55:11*
* Cumple la voluntad de Dios—*Hebreos 11:3*
* Despacha ángeles—*Salmo 103:20*
* Trae luz a las tinieblas—*Salmo 119:130*
* Es lámpara a nuestros pies y lumbrera a nuestro camino—*Salmo 119:105*
* Asegura bendiciones—*Efesios 1:3; 2 Pedro 1:3*

- Es semilla—*Marcos 4* ♡♡♡
- Es nuestra arma de guerra—*Efesios 6:10-20;
  2 Corintios 10:3-5* ♡♡♡
- Derriba argumentos—*2 Corintios 10:3-5*
- Es creadora—*Romanos 4:17*
- Santifica—*Juan 17:17*
- Fortalece al hombre espiritual —*Efesios 5:26*
- Asegura respuestas a la oración—*Juan 15:7*

Es mi anhelo que verdaderamente disfrutes estos tiempos de fortalecimiento y ¡que te establezcas para siempre en la manifestación de Su gloriosa Palabra!

En Su servicio victorioso contigo,

Patricia King

Oración de dedicación

Me dedico a Ti en este día, en espíritu, alma y cuerpo. Redargúyeme de cualquier pensamiento, palabra o hecho que no te ha agradado. Te pido que me limpies de todo pecado, de acuerdo con la promesa en Tu Palabra que si confieso mi pecado, entonces serás fiel en perdonarme y limpiarme de toda maldad (*1 Juan 1:9*).

Al confesar y decretar Tu Palabra, que Tu Espíritu Santo me ayude a ser un adorador apasionado, un amante de la Verdad, y un hijo fiel que trae placer a Tu corazón justo.

Pido que pueda fortalecerme espiritualmente a través del poder de Tu Palabra, porque Tu Palabra no regresa a Ti vacía sino que cumple todo aquello para lo cual fue enviada. Concédeme un espíritu de sabiduría y de revelación en el conocimiento de Cristo para la gloria de Tu Nombre y de Tu Reino.

En el nombre de Jesús. AMÉN

Con todo mi corazón te he buscado

no dejes que me desvíe de tus mandamientos.

En mi corazón he atesorado tu palabra,

para no pecar contra ti..

Salmo 119:10-11 (LBLA)

Alabanza y adoración

*P*adre celestial, Te adoro en espíritu y en verdad. Junto con los ejércitos del cielo, declaro:

¡Santo, santo, santo, es el Señor Dios Todopoderoso,
el que era, el que es y el que ha de venir!
Señor, digno eres de recibir la gloria y la honra y el poder;
porque tú creaste todas las cosas,
y por tu voluntad existen y fueron creadas.
Al que está sentado en el trono y al Cordero,
sea la alabanza, la honra, la gloria y el dominio
por los siglos de los siglos.
Santo, Santo, Santo, es el SEÑOR de los ejércitos,
llena está toda la tierra de Su Gloria.

Apocalipsis 4:8,11; 5:13; Isaías 6:3 (RVR1960)

Tú, oh Señor, estás sentado en Tu trono alto y sublime, y tus faldas llenan el templo. Alabo tu grandeza, porque Tú eres mi Dios y Roca. Tu obra es perfecta y todos tus caminos son rectitud. Eres Dios de verdad, y sin ninguna iniquidad. Eres justo y recto.

Te amo. Te amo, oh mi Dios, con todo mi corazón, mi mente y mis fuerzas. Eres el Señor, y no hay otro. Aparte de Ti no hay Dios. Me glorío en Tu santo nombre, y mi corazón se alegra en Ti. ¡Buscaré siempre tu rostro! Te bendigo, oh Señor, mi Dios. ¡Cuán grande eres! Te has vestido de gloria y de majestad.

Mientras viva, te alabaré. Te cantaré alabanzas mientras viva. Te exaltaré con mi garganta y una espada de dos filos en mi mano.

Alabad al SEÑOR desde los cielos;
alabadle en las alturas.
Alabadle, todos sus ángeles;
alabadle, todos sus ejércitos.
Alabadle, sol y luna;
alabadle, todas las estrellas luminosas.
Alabadle, cielos de los cielos,
y las aguas que están sobre los cielos.

— Salmo 148:1-4 (LBLA)

Referencias bíblicas:
Deuteronomio 32:3-4; Salmo 104:1; 105:3-4; 146:2; 149:6; Isaías 6:1; 45:5; Juan 4:24

Amor eterno

El Señor me ama con amor eterno y ha prometido darme un futuro y una esperanza. Me ha atraído con amorosa bondad. Observo cuidadosa e intensamente la clase de amor que el Padre ha derramado sobre mí. Es a través de este amor que Él me ha llamado a ser Su hijo amado. Soy completa y totalmente acepto en Él, mi Dios y Salvador.

Nada me puede separar del amor de Dios que es en Cristo Jesús, mi Señor—ni tribulación, ni angustia, ni persecución, ni hambre, ni desnudez; ni peligro, ni espada; ni ángeles, ni la muerte, ni la vida, ni principados, ni poderes, ni lo presente, ni lo por venir—no existe nada que me puede separar del amor de Dios que es en Cristo Jesús, mi Señor.

El amor que Dios tiene por mí es paciente y bondadoso. Su amor por mí todo lo sufre, todo lo cree, todo lo espera, todo lo soporta. Su amor nunca dejará de ser. Su amor por mí es tan abundante que Él dio a Su único

Hijo. A causa de esto, yo jamás morié, sino que tendré vida eterna con Él.

Como resultado del gran amor que Dios tiene por mí, tengo un pacto irrompible y permanente con Él. A través de este pacto de amor, Él ha escrito Sus leyes sobre mi corazón y ha puesto Sus mandamientos en mi mente.

Él me ha invitado a Su mesa de banquete, y Su estandarte sobre mí es el amor. Su amor es mejor que la más fina selección de vinos. A través de Su íntimo amor, Él me atrae y me invita a seguirle. Soy hermoso y dulce para Él. Estoy arraigado y cimentado en Su amor, y puedo comprender, junto con todos los demás creyentes en Cristo, cuán ancho y largo, alto y profundo es Su amor eterno. He sido llamado a conocer ese amor que sobrepasa todo conocimiento para que pueda ser lleno de la plenitud de Dios. ¡En verdad, soy motivo de Su amor y Sus afectos más profundos!

El amor perfecto de Cristo echa fuera todo el temor que hay en mí, y me ha permitido amar apasionadamente a Dios y a otros. Amar es mi meta más alta en la vida.

Referencias Bíblicas
Jeremías 31:3; 1 Juan 3:1, 4:14; Efesios 1:6, 18-19; Romanos 8:38-39; 1 Corintios 13:4,7,8; 14:1; Juan 3:16; Hebreos 8:10; Cantares 1:2,4; 2:4; Mateo 22:37-40.

Quién soy en Cristo

*S*oy un hijo de Dios. Dios es mi Padre espiritual.
Romanos 8:14, 15; Gálatas 3:16; Juan 1:12

Soy nueva creación en Cristo, las cosas viejas han pasado y todas han sido hechas nuevas.
2 Corintios 5:17

Estoy en Cristo.
Efesios 1:1-4; Gálatas 3:26,28

Soy heredero con el Padre y coheredero con Cristo.
Gálatas 4:6,7; Romanos 8:17

Estoy reconciliado con Dios y soy embajador de reconciliación por Él.
2 Corintios 5:18, 19

Soy]santo.
Efesios 1:1; 1 Corintios 1:2; Filipenses 1:1; Colosenses 1:2

Soy obra maestra de Dios, creado en Cristo para buenas obras.
Efesios 2:10

Soy ciudadano del cielo.
Efesios 2:19; Filipenses 3:20

Soy miembro del cuerpo de Cristo.
1 Corintios 12:27

Estoy unido al Señor y soy uno en espíritu con Él.
1 Corintios 6:17

Soy el templo del Espíritu Santo.
1 Corintios 3:16; 6:19

Soy amigo de Cristo.
Juan 15:15

Soy esclavo de la justicia.
Romanos 6:18

Soy la justicia de Dios en Cristo.
2 Corintios 5:21

Soy esclavo Dios.
Romanos 6:22

He sido escogido y ordenado por Dios para llevar fruto.
Juan 15:16

Soy prisionero de Cristo.
Efesios 3:1; 4:1

Soy justo y santo.
Efesios 4:24

Estoy escondido con Cristo en Dios.
Colosenses 3:3

Soy sal de la tierra.
Mateo 5:13

Soy la luz del mundo.
Mateo 5:14

Soy parte de la vid verdadera.
Juan 15:1,2

Soy partícipe de la naturaleza divina de Cristo, y me escapo de la corrupción que hay en el mundo a causa de los malos deseos.
2 Pedro 1:4

Soy una expresión de la vida de Cristo.
Colosenses 3:4

Soy escogido por Dios, santo y grandemente amado.
Colosenses 3:12; 1 Tesalonicenses 1:4

Soy un hijo de luz.
1 Tesalonicenses 5:5

Soy participante de un llamamiento celestial.
Hebreos 3:1

Soy más que vencedor en Cristo.
Romanos 8:37

Tengo parte en todo lo que le pertenece a Cristo.
Hebreos 3:14

Soy una de las piedras vivas con las cuales Dios está edificando Su templo espiritual.
1 Pedro 2:5

Soy una generación escogida, real sacerdocio, una nación santa.
1 Pedro 2:9

Soy enemigo del diablo.
1 Pedro 5:8

He nacido de nuevo por el Espíritu de Dios.
Juan 3:3-6

Soy extranjero y peregrino en este mundo.
1 Pedro 2:11

Soy hijo de Dios quien siempre triunfa en Cristo y difunde Su fragancia en todo lugar.
2 Corintios 2:14

Estoy sentado en lugares celestiales con Cristo.
Efesios 2:6

Soy salvo por gracia.
Efesios 2:8

Soy bendecido con toda bendición espiritual en los lugares celestiales en Cristo.
Efesios 1:3

Soy redimido por la sangre del Cordero.
Apocalipsis 5:9

Soy parte de la esposa de Cristo y me estoy preparando para Él.
Apocalipsis 19:7

Soy un verdadero adorador quien adora al Padre en espíritu y en verdad.
Juan 4:24

Bendición

*H*e sido creado para bendición. Como resultado, soy fructífero para toda buena obra y me multiplico e incremento en bendición. Porque Dios me ha bendecido, ninguna maldición me puede tocar. En el nombre de Jesucristo y por el poder de Su sangre, decreto Su Pacto de bendición alrededor de mi vida y todo lo que me pertenece.

Solamente las bendiciones están permitidas en mi vida o esfera de influencia. Si el enemigo intenta atacarme, será atrapado en el acto y pagará siete veces siete lo que haya robado y entonces saquearé su casa, porque solo acepto bendición. Los atentados del enemigo crean testimonios del aumento de bendiciones en mi vida.

Al igual que Abraham, soy bendecido y he sido llamado a ser de bendición. A través de mi vida en Jesús, las naciones son bendecidas.

Las bendiciones vienen sobre mí y me alcanzan. Las bendiciones son atraídas a mí. Soy un imán de bendiciones. Soy bendito en mi entrar y en mi salir. Soy bendito en la ciudad y en el campo. Los cielos están abiertos sobre mi vida y la lluvia de la bondad abundante de Dios caen sobre mi vida y todo lo que me pertenece. Ninguna cosa buena me ha retenido. Soy bendecido en todo aquello que pongo mi mano a hacer.

Mi casa es bendecida. Mi alimento es bendecido. Mi ropa es bendecida. Mis vehículos son bendecidos. Mis negocios y asuntos de trabajo son bendecidos. Mis hijos, mi familia y todos los que trabajan conmigo son bendecidos. Mis finanzas son bendecidas porque Jesús estableció un pacto de bendición conmigo que es eterno e irrompible.

Soy bendecido con el Reino del cielo y Su recompensa porque reconozco que necesito a Dios en todas las cosas y en todo tiempo. Soy bendecido con consuelo cuando lloro. Soy bendecido con un corazón satisfecho porque tengo hambre y sed de justicia. Soy bendecido con misericordia porque soy misericordioso con otros. Soy bendecido con percepción y visitaciones de Dios porque soy puro en espíritu.

Me llaman hijo(a) de Dios porque soy pacificador. Cuando soy perseguido por causa de la justicia, o cuando las personas me insultan o hablan mentiras acerca de mí, soy bendecido con recompensas celestiales y eternas. Soy bendecido porque escucho la Palabra del

Señor y actúo en base a ella. Soy hacedor de la Palabra y no solamente oidor.

Por cuanto amo la sabiduría y la justicia, soy bendecido y mi casa es bendecida. La bendición del Señor me ha enriquecido y no añade tristeza con ello. Porque mi confianza está en el Señor, soy bendecido. Soy bendecido con toda bendición espiritual en lugares celestiales en Cristo. La gracia y la paz me son multiplicadas en el conocimiento de Cristo.

Me ha sido concedido todo lo que pertenece a la vida y a la santidad. Me han sido dadas todas las magníficas promesas en la Palabra de Dios. Siembro abundantemente y por consiguiente cosecho bendiciones abundantes. Siempre busco maneras en que puedo bendecir a otros. El Señor realmente me bendice y ensancha mis esferas de influencia. Su mano de gracia y bendición está conmigo y me protege de peligro. Verdaderamente soy bendecido en todas las cosas porque mi Padre en el cielo ha escogido darme el Reino.

My Dios me bendice continuamente y hacer resplandecer Su rostro sobre mí. Él me da gracia y paz.

Referencias bíblicas:
Génesis 1:28; 12:2; Deuteronomio 28:1-13; Números 6:22-27; Proverbios 3:13, 33; 6:31; 10:6; 10:22; 16:20; Mateo 5:3-11; Lucas 11:28; 12:32; Efesios 1:3; 2 Pedro 1:2-4; Santiago 1:22; 1 Crónicas 4:10

Favor

En Cristo Jesús, soy favorecido por mi Padre celestial. El favor que Él le ha dado a Su Hijo me ha sido dado. Es favor inmerecido que me es concedido en Cristo. Su favor es un regalo gratuito por el cual estoy muy agradecido. Así como Jesús seguía creciendo en sabiduría y estatura y en favor para con Dios y para con los los hombres, yo también, porque permanezco en Jesús y Él pertenece en mí.

Abrazo el favor de Dios, porque es mejor que la plata y el oro. El favor de Dios sobre mi vida dura para toda la vida, y causa que mi montaña de influencia y bendición se mantenga firme. Su favor me rodea como un escudo en contra de mis enemigos.

El Señor me favorece con vindicación y se deleita en mi prosperidad. Su bendición sobre mi vida atrae a los ricos entre las personas que buscan mi favor.

Por el favor del Señor, las obras de mis manos son confirmadas y establecidas. Todo lo que pongo mis manos a hacer es favorecido. Mis pasos son bañados en crema y la rocas me derraman aceite de oliva.

Al buscar yo el favor del Señor, Él me da gracia de acuerdo con Su Palabra. Tengo favor en mi casa y en mi lugar de trabajo. Tengo favor dondequiera que voy y en todo lo que hago.

Amo la sabiduría y busco diligentemente la sabiduría y el entendimiento. Por lo tanto el Señor me ha concedido favor y soy favorecido por otros.

En el resplandor del rostro de mi Rey está la vida, y Su favor es como una nube con lluvia de primavera sobre mí. Su favor es como rocío celestial que cae sobre mi vida.

Tengo favor en Su presencia y Él va delante de mí, revelándome Su bondad y Su gloria. Su favor me abre puertas de oportunidad que ningún hombre puede cerrar. Por Su favor me han sido dadas las llaves del Reino y todo lo que ato en la tierra es atado en el cielo. Y todo lo que desato en la tierra es desatado en el cielo. Él me extiende Su cetro de justicia y de favor.

Todo lo que pido en el nombre de Cristo, Él me concede cuando hago mis peticiones y rogativas de acuerdo con Su voluntad. Cada día Él me concede gran favor a causa del pacto de la sangre de Cristo y las promesas de Su Palabra. ¡Bendito sea el Señor que favorece a Su pueblo!

Referencias bíblicas

Juan 15:7; 17:22; Lucas 2:52; Proverbios 8:35; 11:27; 16:15; 19:12; 22:1; Salmo 5:12; 30:5, 7; 45:6, 12; 90:17; 119:58; Job 29:6; Éxodo 33:13-19; Isaías 45:1; Ester 5:2

Victoria

Soy hijo del Dios viviente. Soy heredero de Dios y coheredero con Jesucristo. Soy una nueva creación en Cristo; las cosas viejas pasaron y todas las cosas son hechas nuevas. Soy linaje escogido, real sacerdocio, nación santa.

No estoy bajo culpa ni condenación. Rehúso aceptar el desánimo, porque no es de Dios. Dios es el Dios de todo consuelo. Por lo tanto, no hay ninguna condenación para los que están en Cristo Jesús. La ley del Espíritu de vida en Cristo Jesús me ha liberado de la ley del pecado y de la muerte. No escucho a las acusaciones de Satanás porque él es un mentiroso, el padre de las mentiras. Ciño mis lomos con la Verdad. El pecado no tendrá dominio sobre mí.

Huyo de la tentación, pero si peco, tengo un abogado para con el Padre, que es Jesucristo. Confieso mis pecados y los abandono, y Dios es fiel y justo para perdonarme y limpiarme de toda maldad. He sido lavado por la sangre del Cordero. Soy vencedor por la sangre de Jesús y por la palabra de mi testimonio.

Ninguna arma forjada contra mí prosperará, y condenaré toda lengua que se levante contra mí en juicio. Mi mente es renovada por Palabra de Dios.

Las armas de mi milicia no son carnales sino poderosas en Dios para la destrucción de fortalezas. Derribo argumentos y toda altivez que se levantan contra el conocimiento de Cristo. Llevo cautivo todo pensamiento a la obediencia de la verdad.

Soy acepto en el Amado. Mayor es Él que está en mí que el que está en el mundo. Nada me puede separar del amor de Dios que es en Cristo Jesús, mi Señor. Soy la justicia de Dios en Cristo Jesús. No soy esclavo del pecado sino de la justicia. Permanezco en Su Palabra. Conozco la verdad y la verdad me ha hecho libre. Por cuanto Cristo me ha hecho libre, soy verdaderamente libre. Me ha librado del dominio de las tinieblas y ahora habito en el Reino de Dios.

No me dejo intimidar por el enemigo de las mentiras. Él ha sido derrotado. Para este propósito vino Cristo al mundo, para destruir las obras del maligno. Yo me someto a Dios y resisto al diablo. El enemigo huye de mí en terror, porque el Señor vive poderosamente en mí. No doy lugar al diablo. No doy lugar alguno al temor en mi vida. Dios no me ha dado espíritu de cobardía, sino de amor, de poder y de dominio propio. El terror no se me acercará, porque el Señor es la fortaleza de mi vida y siempre causa que yo triunfe en Cristo Jesús.

En Cristo soy la cabeza y no la cola. Estoy encima y no debajo. Mil caerán a mi lado y diez mil a mi diestra, más a mí no me tocarán. Estoy sentado con Cristo en los lugares celestiales, sobre todo principado y autoridad y poder. Me ha sido dado poder para pisotear serpientes y escorpiones y sobre todo el poder del enemigo, y nada me dañará. Ya no me oprimirá el enemigo. Yo lo derroto a través de la autoridad que Cristo me ha dado. Soy más que vencedor en Cristo Jesús.

Referencias bíblicas:

Deuteronomio 28:13; Salmo 27:1; 91:7; Isaías 54:17; Lucas 10:19; Juan 8:36,44; Romanos 6:16; 8:1,2,17,32,39; 12:2; 2 Corintios 2:14; 5:17,21; 10:3-5; Efesios 1:6,20,21; 4:27; 6:14; Colosenses 1:13; 2 Timoteo 1:7; Santiago 4:7; 1 Pedro 2:9; 1 Juan 1:9; 2:1; 3:8; Apocalipsis 12:11

Sabiduría

$\mathcal{J}$esucristo es sabiduría, justicia, santificación y redención para mí. Porque Cristo mora en mí, conozco la sabiduría e instrucción. Mi Dios me ha dado un espíritu de sabiduría y de revelación en el conocimiento de Cristo. Cuando me hace falta sabiduría, le pido a Dios en fe, y Él me la da abundantemente y sin reproche. Ésta es sabiduría de lo alto; es primeramente pura, después pacífica, amable, gentil, llena de misericordia y de buenos frutos, firme y sin hipocresía.

Discierno los dichos profundos, y recibo instrucción en cuanto a sabia conducta, justicia, juicio y rectitud. Camino en el temor del Señor, que es el principio de la sabiduría. Jesús derrama Su espíritu de sabiduría sobre mí y me hace conocer Sus palabras de sabiduría.

Recibo las palabras de sabiduría, y atesoro los mandamientos del Señor dentro de mí. Mi oído está atento a la sabiduría, e inclino mi corazón al entendimiento. Clamo por discernimiento y alzo mi voz al entendimiento. La busco como a plata, y la procuro como tesoros escondidos. Por este motivo entenderé el temor del Señor y hallaré el conocimiento de Dios. El Señor me da sabiduría.

Él guarda mis sendas con justicia y preserva mi camino. La sabiduría entra a mi corazón y el conocimiento es grato a mi alma. La discreción vela sobre mí y el entendimiento me protege, para librarme de la senda del mal.

No permito que me abandonen el amor y la verdad. Los llevo siempre alrededor de mi cuello y los escribo en la tabla de mi corazón. Confío en el Señor de todo corazón y no en mi propio entendimiento. Lo reconozco en todos mis caminos y Él endereza mis pasos. Soy bendecido porque encuentro sabiduría y adquiero entendimiento.

Tengo larga vida, porque está en la mano derecha de la sabiduría, y tengo las riquezas y honra que están en la mano izquierda de la sabiduría. Porque amo la sabiduría, todos mis caminos son agradables, y mis sendas, paz. La sabiduría es árbol de vida para mí y soy feliz porque la abrazo. Heredo honra porque amo la sabiduría, y mi casa es bendecida.

Yo adquiero sabiduría y entendimiento. No menosprecio la sabiduría. La sabiduría me guarda. La amo y ella me cuida y protege. Porque yo estimo la sabiduría y la abrazo, ella me exalta y me honra. La sabiduría pone una guirnalda de gracia en mi cabeza, y me entrega una corona de hermosura. Yo le digo a la sabiduría que es mi hermana y llamo a la inteligencia mi mejor amiga.

Porque amo la sabiduría, las riquezas y la honra están conmigo; riqueza duradera y justicia. La sabiduría me enriquece y llena mis tesoros. Escucho a la sabiduría y cada día vigilo sus puertas. Yo como del pan de la sabiduría, y bebo del vino que ha mezclado. Abandono la necedad y vivo. Cuando hablo, hablo cosas excelentes, y el abrir de mis labios produce rectitud. Mi boca habla la verdad. Todas las palabras de mi boca son conforme a la justicia, porque camino en las sendas de sabiduría.

Referencias bíblicas

1 Corintios 1:30; Efesios 1:17; Santiago 1:5; 3:17; Proverbios 1:2,3,7,23; 2:1-12; 3; 4:5-9; 7:4; 8:6-8,18,21,34; 9:5-6

Gloria

En Cristo tengo acceso a la misma gloria que el Padre le dio a Su Hijo, y estoy lleno de esta gloria. Jesús es un escudo para mí cada día. Él es mi gloria y el que levanta mi cabeza.

Jesús es el Rey de gloria y vive poderosamente en mí porque yo le abro las puertas de mi corazón y vida. Él es el Señor de los ejércitos, poderoso y fuerte. Es poderoso en todas mis batallas. Jesús, el Rey de gloria, triunfa sobre todos mis enemigos. Su gloria es mi retaguardia, y siempre cubre mis espaldas. Cuando soy perseguido a causa de la justicia, soy grandemente recompensado porque el espíritu de gloria y de Dios descansa sobre mí. En Cristo heredo el trono de gloria. Estoy sentado con Él en lugares celestiales muy por encima de las fuerzas y el dominio del enemigo.

El fuego del Señor me rodea y Su gloria va delante de mí. La gloria del Señor va delante de mí en todo momento y me da descanso. Su gloria se manifiesta en

Su gran bondad que visita mi vida cada día. Yo decreto: "¡El Señor es bueno y para siempre es Su misericordia!". Al hacer esta confesión de fe, la gloria del Señor llena mi cuerpo, Su templo, nuevamente.

Levanto y resplandezco porque Jesús, mi Luz, ha venido, y la gloria del Señor ha nacido sobre mí. En medio de las grandes tinieblas que cubren la tierra, la gloria amanece sobre mí. Las naciones y los reyes vienen al resplandor de mi luz.

Tengo acceso a las riquezas, al oro y la plata en la tierra como resultado de la gloria de Cristo que está en mí y sobre mí. Todo el oro y la plata le pertenecen. Toda la tierra y Su plenitud le pertenecen y todo lo que le pertenece a Él se me ha dado en Cristo. Ejercito mi fe para recibir la plenitud de Su gloria y, como resultado, la gloria postrera de mi casa (mi vida) es mayor que la primera.

Todas mis necesidades son suplidas de acuerdo con Sus riquezas en gloria en Cristo Jesús. El conocimiento de Su gloria—la gloria de Su salvación, sanidad, liberación, provisión, fuerza, señales y maravillas, y presencia—cubren la tierra así como las aguas cubren el mar. Las obras del Señor me son mostradas y Su gloria a mis hijos.

Gloria y majestad están delante de El; poder y alegría en Su morada. Yo bebo de Su bondad cada día y declaro Su gloria y sus obras maravillosas.

¡Exaltado seas, oh Dios, sobre los cielos más altos! Que tu gloria brille sobre toda la tierra. En ti está mi salvación y mi gloria. Bendito sea el nombre del Señor para siempre, y que toda la tierra sea llena de Tu gloria, Amén y Amén.

Referencias bíblicas:
Juan 17:22; Salmo 3:3; 24:1, 7-10; 57:11; 62:7; 72:19; 90:16; 96:3; 1 Pedro 4:14; Isaías 58:8; 1 Crónicas 16:24, 27; 1 Samuel 2:8; Efesios 1:20-22, 2:6; Zacarías 2:5; Éxodo 33:14-19; Isaías 60:1-3, 5, 9; Hageo 2:8-9; Filipenses 4:19; Habacuc 2:14

Provisión y recursos

$\mathcal{B}$usco primeramente el Reino de Dios y Su justicia, y todas las cosas que necesito me son añadidas. Porque mi Padre celestial sabe qué es lo que necesito aun antes de que yo se lo pida, no tengo temor, porque mi Padre se complace en darme el reino.

Reconozco que todas mis necesidades son suplidas conforme a todas las riquezas de Dios en gloria en Cristo Jesús. La gracia y la paz me son multiplicadas a través del conocimiento de Dios y de Jesús mi Señor. Su divino poder me ha dado todas las cosas que pertenecen a la vida y a la santidad, a través del conocimiento de Aquél que me ha llamado por Su gloria y excelencia. Bendito sea el Dios y Padre de mi Señor Jesucristo, quien me ha bendecido con toda bendición espiritual en los lugares celestiales en Cristo. El Señor es sol y escudo para mí y me dará gracia y gloria. No me retendrá ningún cosa buena mientras yo camine en integridad.

Escojo sembrar abundantemente, así que cosecharé abundantemente. Le doy al Señor, a Su pueblo, y a los necesitados conforme propongo en mi corazón. No doy de mala gana ni por obligación, porque el Señor ama al que da con alegría. Dios hace que yo abunde en toda gracia, que siempre tenga lo suficiente para todas las cosas, para que yo pueda abundar en toda buena obra.

El Señor suple semilla, para que yo la siembre, y pan para mi alimento. Él también suple y multiplica mi semilla para la siembra y aumenta los frutos de mi justicia. Soy enriquecido en todo para toda liberalidad, lo cual produce acciones de gracias a Dios.

Traigo todos mis diezmos al granero de Dios, para que haya alimento en mi casa. Como resultado, Él abre las ventanas de los cielos y derrama bendición sobre mí hasta que no las pueda contener. Él reprende al devorador por mí, para que éste no destruya los frutos de mi campo y tampoco se caigan las uvas de la vid antes de que sea tiempo. Todas las naciones me llamarán bendecido, porque tengo una vida deseable. Soy bendecido porque tomo en cuenta a los pobres. Por cuanto doy libremente a los pobres, nunca tendré necesidad. Mi justicia permanece para siempre.

Recuerdo al Señor mi Dios, porque Él es el que me da poder para hacer riquezas, a fin de confirmar Su pacto.

Por cuanto Jesucristo mi Salvador diligentemente escuchó la voz de Dios y obedeció todos los mandamientos, el Señor me colocará en alto sobre todas las naciones de la tierra, y todas las bendiciones en el Reino vendrán a mí y me alcanzarán. Cristo se hizo pobre para que yo, a través de Su pobreza, sea enriquecido.

El Senor me aumente mil veces más de lo que ahora tengo y me bendiga como Él lo ha prometido. Él prospera todo lo que yo pongo mis rnanos por hacer. Abundo en prosperidad. El Señor me da poder para hacer milagros extraordinarios en Su nombre. Testifico de milagros de multiplicaci6n, cancelaci6n de deudas, y de aumento.

Jesús vino para que yo tenga vida en abundancia. Soy muy bendecido y favorecido por Dios y he sido llamado a bendecir a otros.

Referencias bíblicas:
Mateo 6:33; Filipenses 4:19; Lucas 12:32; Juan 10:10; 2 Pedro 1:2, 3; Efesios 1:3; Salmo 84:11; 2 Corintios 8:9; 9:6-11; Salmo 41:1; 112:1, 9; Proverbios 28:27; Génesis 12:2; Malaquías 3:8-12; Deuteronomio 1:11; 8:18; 28:1,22

Carácter cristiano

Soy la luz del mundo. Una ciudad asentada sobre una colina no se puede esconder. Yo alumbro mi luz delante de los hombre para que vean mis buenas obras y glorifiquen a mi Padre que está en los cielos. Gracia y paz me son multiplicadas en el conocimiento de Dios y mi Jesús Señor. Su divino poder me ha dado todas las cosas que pertenecen a la vida y a la piedad.

Él me ha dado preciosas y grandísimas promesas. Yo vivo por estas promesas para llegar a ser participante de Su naturaleza divina, habiendo escapado de la corrupción que hay en el mundo a causa de los malos deseos. Además, soy diligente y añado a mi fe virtud; a la virtud, conocimiento; al conocimiento, dominio propio; al dominio propio, paciencia; a la paciencia, piedad; a la piedad, afecto fraternal; al afecto fraternal, amor. Porque estas cosas están en mí y abundan, nunca seré estéril y sin fruto en cuanto al conocimiento de mi Señor Jesucristo.

Elijo andar como es digno del Señor, agradándole en todo, dando fruto en toda buena obra y creciendo en el conocimiento de Dios. Doy gracias a mi Padre celestial que me ha hecho apto para participar de la herencia de los santos en luz. Me ha librado del dominio de las tinieblas y me ha trasladado al Reino de Su Hijo amado en quien tengo redención por Su sangre, el perdón de pecados.

Soy imitador de Dios como hijo amado. Camino en amor. Ni la avaricia, ni la fornicación, ni la impureza tienen parte en mi vida; tampoco obscenidades, ni comentarios deshonorables, ni conversaciones vanas sino más bien acciones de gracias. No permito que salga de mi boca comunicación corrompida, sino sólo la que sea para la buena edificación para que imparta gracia a los que escuchan. No entristeceré al Espíritu Santo de Dios, con el cual fui sellado para el día de la redención.

Escojo andar en humildad, estimando a cada uno de los demás como superiores a mí. No busco mis propios intereses, sino más bien los intereses de los demás. No busco crearme una reputación sino tomo forma de siervo.

Espero en el Señor y permito que la integridad y justicia me sostengan. Jesús es escudo para mí, porque camino en rectitud. Medito en todo lo que es todo lo que es verdadero, todo lo honesto, todo lo justo, todo lo puro, todo lo amable, todo lo que es de buen nombre y digno de alabanza.

Como hijo de Dios, estoy enteramente preparado para toda buena obra. Considero cómo estimular a otros al amor. Me visto de tierna compasión, bondad, humildad, gentileza y paciencia. Soy hechura de Dios, creado en Cristo Jesús para hacer buenas obras, las cuales Dios preparó de antemano para que yo ande en ellas.

Soy paciente y amable. No tengo envidia. No soy jactancioso ni soy arrogante. No me comporto indecorosamente ni busco lo mío. No me irrito fácilmente ni guardo rencor. No me gozo de la injusticia sino que me alegro con la verdad. Todo lo sufro, todo lo creo, todo lo espero, todo lo soporto. El amor de Jesús está en mí y nunca falla.

Referencias bíblicas:
Mateo 5:14-16; 2 Pedro 1:2-8; 1 Corintios 13:4-8; Efesios 2:10; 4:29, 30; 5:1-5; Colosenses 1:9-14; 3:12; Filipenses 2:3-7; 4:8; 2 Timoteo 3:17; Hebreos 10:24

Fortaleza espiritual

Me fortalezco en el Señor y en el poder de Su fuerza. Todo lo puedo en Cristo, porque Él me fortalece.

El Señor es mi fortaleza y mi escudo; en Él confía mi corazón, y soy ayudado; por tanto, se goza mi corazón y con cantos le alabo. Él es mi fuerza y mi salvación en tiempos de angustia. La gracia del Señor Jesucristo está con mi espíritu.

Me edifico en mi fe, orando en el Espíritu Santo. Al hacerlo, me mantengo firme, permaneciendo en el amor de Dios. Mi Dios me guarda de caer y me presenta sin mancha en la presencia de mi Padre Celestial con gran alegría.

Mi ayuda viene del Señor, quien hizo los cielos y la tierra. Él no permitirá que tropiece y el que me cuida no duerme. El Señor mismo me cuida. Él está a mi lado como mi sombra protectora. El sol no me fatiga de día, ni la luna de noche. El Señor me protege de todo mal. Él guarda mi alma. Él guarda mi entrada y mi salida desde ahora y para siempre.

Cuando paso por el valle de lágrimas, el Señor lo convierte en manantial. Voy de poder en poder en el Señor. El Señor Dios es sol y escudo para mí. Él me da gracia y gloria y nada bueno me retiene. Soy bendecido porque confío en Él.

Mi Padre celestial me concede, conforme a las riquezas de Su gloria, ser fortalecido en el hombre interior con poder por Su Espíritu, de manera que Cristo habite por la fe en mi corazón; a fin de que yo, arraigado y cimentado en amor, sea plenamente capaz de comprender con todos los santos cuál es la anchura, la longitud, la altura y la profundidad y de conocer el amor de Cristo que excede a todo conocimiento, para que sea lleno de toda la plenitud de Dios.

No me canso de hacer el bien, porque a su debido tiempo segaré si no desmayo. Mi ojo es sano, por lo tanto todo mi cuerpo está lleno de luz. Soy firme y constante, y abundo siempre en la obra del Señor, sabiendo que mi trabajo en el Señor no es en vano. Dios es mi castillo fuerte y me pone en Su camino.

Con Él, puedo aplastar ejércitos y escalar muros. Él es escudo, por cuanto me refugio en Él. Él hace que mis pies sean como de ciervas, y me afirma en mis alturas. Él adiestra mis manos para la batalla y mis brazos para tensar el arco de bronce. Él también me ha dado el escudo de Su salvación, y Su ayuda me engrandece. Persigo a mis enemigos y los destruyo, porque el Señor me ha ceñido con fuerza para la batalla.

El Señor me da fuerzas cuando estoy cansado, y cuando no tengo fuerzas aumenta mi vigor. Espero en el Señor y Él renueva mis fuerzas. Levanto alas como las águilas. Corro y no me canso, camino y no me fatigo.

Referencias bíblicas:

Efesios 6:10; Filipenses 4:13; Salmo 28:7, 8; 37:39; 84:5-7, 11; 121; Filipenses 4:23; Judas 1:20, 21, 24; Efesios 3:16-19; Gálatas 6:7-9; Mateo 6:22; 1 Corintios 15:58; 2 Samuel 22:30-40; Isaías 40:29-31

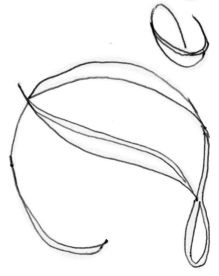

Investido de poder para ir

Recibo poder cuando el Espíritu Santo viene sobre mí, para ser testigo del Señor, aun hasta lo último de la tierra. En el nombre de Jesús voy por todo el mundo para predicar el evangelio a toda criatura.

Estas señales me siguen porque creo: En el nombre de Jesús echo fuera demonios, hablo nuevas lenguas, tomo en mis manos serpientes, y si bebo cualquier cosa mortífera, no me hace daño. Cuando pongo mis manos sobre los enfermos, ellos sanan. Salgo y predico en todas partes y el Señor confirma la Palabra que predico con las señales que la siguen. Cuando salgo, voy en la plenitud de la bendición del evangelio de Cristo.

Las obras que Jesús hace, yo también las hago, y aun mayores hago, porque Él ha ido al Padre. Mayor es el que está en mí que el que está en el mundo. Jesús me ha dado poder sobre todo poder del enemigo. Me ha dado poder sobre espíritus inmundos para echarlos fuera y me ha dado poder para sanar toda clase de enfermedad y todo tipo de dolencias.

Al salir, predicaré diciendo: "El reino de los cielos se ha acercado". Sanaré enfermos, limpiaré a los leprosos, echaré fuera demonios. De gracia recibí, daré de gracia. El Señor me da valor para hablar Su palabra. Él me extiende Su mano hacia mí para sanar y para que se hagan señales y prodigios en el nombre de Jesucristo. Su Espíritu se ha derramado sobre mí y profetizo.

Toda potestad le ha sido dada a Jesucristo en el cielo y en la tierra. Iré en Su nombre y haré discípulos en todas las naciones, bautizándolos en el nombre del Padre, del Hijo, y del Espíritu Santo. Les enseñaré que guarden todas las cosas que Jesús me ha mandado. Jesús está conmigo, hasta el fin del mundo. Él me ha llamado y me ha dado poder y autoridad sobre todos los demonios y para sanar enfermedades. Me ha enviado a predicar el Reino de Dios y a sanar a los enfermos. Cuando voy, Jesús bendice mi camino con Su favor, porque el Señor rodea a Sus justos con favor como un escudo. Él envía a sus ángeles delante de mí para guardarme en todos mis caminos y levantarme si tropiezo.

Como Jesús, he sido ungido con el Espíritu Santo y con poder. Ando haciendo bienes y sanando a todos los oprimidos por el diablo, porque Dios está conmigo. Él me ha ungido para predicar las buenas nuevas a los pobres. Me ha enviado a pregonar libertad a los cautivos y dar vista a los ciegos; a poner en libertad a los oprimidos y a proclamar el año favorable del Señor.

Me levanto y resplandezco, porque ha venido mi luz y la gloria del Señor ha nacido sobre mí. Tinieblas cubrirán la tierra, y oscuridad las naciones; mas sobre mí ha amanecido el Señor, y sobre mí será vista Su gloria. Vendrán naciones a mi luz en Cristo, y los reyes al resplandor de mi nacimiento.

Ni mi palabra ni mi predicación es con palabras persuasivas de sabiduría humana, sino con demostración del Espíritu y de poder para que la fe de aquellos a quienes predico no esté fundada en la sabiduría de hombres, sino en el poder de Dios, porque el Reino de Dios no es de palabra, sino de poder.

El Señor me concede, conforme a Sus riquezas en gloria, ser fortalecido con todo poder en el hombre interior por Su Espíritu; conforme a la potencia de Su gloria, para toda paciencia y longanimidad. Trabajo según la potencia de Él, la cual actúa poderosamente en mí.

No predico acerca de mí, sino de Jesucristo como Señor, y de mí como siervo por amor de Jesús. Porque Dios, quien dijo: "Luz resplandecerá en las tinieblas", es el que resplandeció en nuestros corazones para que podamos conocer la gloria de Dios que se ve en el rostro de Jesucristo. Tengo este tesoro en vaso de barro, para que la excelencia del poder sea de Dios, y no mío.

Por tanto, al Rey de los siglos, inmortal, invisible, al único y sabio Dios, quien es poderoso para hacer todas las cosas mucho más abundantemente de lo que pida o entienda, según el poder que actúa en mí, sea honor y gloria por los siglos de los siglos. Amén.

Referencias bíblicas:

Hechos 1:8; 10:38; Marcos 16:15-21; Romanos 15:29; Juan 14:1,2; *1 Juan 4:4;* Lucas 4:18; 10:1,2,19; Mateo 10:1,7; 28:18-20; *Hechos 4:29,30; Hechos 2:17, 18; Isaías 60:1-3; 1 Corintios 2:4 4:19; Efesios 3:16, 20; Colosenses 1:11,29; 2 Corintios 4:5,6; 1 Timoteo 1:17; Salmo 5:12; 91:11*

Salud y sanidad

Todo mi ser alaba al Señor y no olvido ninguno de Sus beneficios. É les quien perdona todos mis pecados y sana todas mis enfermedades. Él rescata del hoyo mi vida y me corona de favores y misericordias. Jesús me sacia de bien, de modo que rejuvenezca como el águila.

El Señor me trae salud y sanidad. Me sana y me permite disfrutar abundante paz y seguridad. El sol de justicia resplandece en mí y en Sus alas trae salud; salgo y salto como becerros del establo. Jesús llevó mis pecados en Su cuerpo sobre la cruz, para que yo muera al pecado y viva a la justicia. Por Sus heridas he sido sanado. Tendré fuerzas todos los días de mi vida.

El Señor envió Su palabra y me sanó, me rescató de la tumba. Cuando clamo, el Señor me oye; me libra de todas mis angustias. EL Señor está cerca cuando estoy quebrantado y me salva cuando mi espíritu está contrito. El Señor no me ha dado espíritu de temor sino de amor, poder y dominio propio.

A veces tendré aflicciones, pero el Señor me libra de todas. Él guarda todos mis huesos, ninguno será quebrantado. Soy como olivo verde en la casa de Dios; en el amor inagotable de Dios confío eternamente y para siempre.

Cuando los siervos del Señor ponen sus manos sobre mí, soy sanado, y cuando estoy enfermo, llamo a los ancianos de la iglesia quienes oran por mí, ungiéndome con aceite en el nombre del Señor. La oración de fe me salva, y el Señor me levanta.

La ley del espíritu de vida en Cristo Jesús me ha librado de la ley del pecado y la muerte. Jesús es la resurrección y la vida. Por cuanto creo en Él, viviré por la eternidad. En Cristo vivo, me muevo, y soy.

Por cuanto habito al abrigo del Altísimo y moro bajo la sombra del Omnipotente, diré al Señor: "Esperanza mía, y castillo mío; mi Dios, en quien confiaré". Él me librará del lazo del cazador, de la peste destructora. Con Sus plumas me cubrirá, y debajo de Sus alas estaré seguro. Escudo y adarga es Su verdad. No temeré el terror nocturno, ni saeta que vuele de día, ni pestilencia que ande en oscuridad, ni mortandad que en medio del día destruya. Caerán a mi lado mil, y diez mil a mi diestra; mas a mí no llegará. Ciertamente con mis ojos miraré y veré la recompensa de los impíos. Porque he puesto al Señor, que es mi esperanza, al Altísimo por mi habitación, no me sobrevendrá mal, ni plaga tocará mi morada. Él mandará a sus ángeles acerca de mí, para que me guarden en todos mis caminos. En las manos me llevarán, para que mi pie no tropiece en piedra. Sobre el león y el áspid pisaré; hollaré al cachorro del león y al dragón. Por cuanto en el Señor he puesto mi amor, Él me librará de todo accidente, daño, enfermedad o dolencia. Él estará conmigo en la angustia y me librará. Me saciará de larga vida y me muestra Su salvación.

Porque trato bien a los pobres, el Señor me rescatará cuando tenga problemas. El Señor me protegerá y me mantendrá con vida, y me prosperará en la tierra. Me rescatará de mis enemigos. Él me sostendrá cuando esté enfermo y me restaurará la salud.

Referencias bíblicas:

Salmo 34:17-20; 41:1-3; 52:8; 103:1-3; 91; 107:20; Deuteronomio 33:25; Jeremías 33:6; Malaquías 4:2; 1 Pedro 2:24; Romanos 12:1; Juan 11:25, 26; 2 Timoteo 1:7; Marcos 16:18; Santiago 5:14-15

El negocio, el ministerio y el lugar de trabajo

En mi negocio/ministerio//lugar de trabajo/ el favor me rodea como un escudo. Me levanto y resplandezco, porque ha venido mi luz. Los ricos suplican mi favor.

En Cristo no tengo defectos, sino que actúo con inteligencia en cada rama de la sabiduría, siendo dotado de entendimiento y discernimiento. El Señor me da conocimiento y discreción, y me hace crecer en sabiduría, en estatura y en favor para con Él y con los hombres.

En mi negocio/ministerio/lugar de trabajo soy la cabeza y no la cola. Siempre estaré encima y nunca por debajo. El Señor ordena bendiciones sobre mi trabajo/ministerio/lugar de trabajo y todo proyecto que emprendo prospera. Él establece mi negocio/ministerio/lugar de trabajo como santo para Él.

Ni negocio/ministerio//lugar de trabajo no se somete al sistema babilónico del mundo, sino que se somete al

Reino de Dios y Su justicia. La integridad del Señor me guía en mi negocio. El Señor se inclina hacia mi negocio/ministerio/lugar de trabajo con estima y lo hace fructífero, multiplicando su productividad.

Ninguna arma forjada contra mi negocio/ministerio/lugar de trabajo prospera. Toda lengua que se levante en contra en juicio yo condeno, y el Señor me reivindica. El Señor es un muro de fuego alrededor de mi negocio/ministerio/lugar de trabajo y Su gloria está en medio.

El Señor me guía con Su presencia y me da descanso. Él hace pasar Su bondad delante de mi negocio/ministerio/lugar de trabajo. Su bien y Su misericordia me siguen todos los días de mi vida.

La paz, unidad, amor, integridad, el honor y el servicio son valores santos que prevalecen en mi negocio/ministerio/lugar de trabajo.

¡Yo decreto que Jesucristo es Señor de mi vida, negocio/ministerio/lugar de trabajo!

Referencias bíblicas:

Salmo 5:12; Isaías 60:1; Salmo 45:12; Daniel 1:4; Deuteronomio 28:1-13; Apocalipsis 18:4; Proverbios 11:3; Levítico 26:9; Isaías 54:17; Zacarías 2:5; Éxodo 33:14,19; Salmo 23:6

La familia y los hijos

Yo y mi casa serviremos al Señor. Porque creo en el Señor Jesucristo, yo seré salvo, yo y toda mi casa. Porque soy un hijo del pacto de Dios, mi casa es bendecida. Hemos sido bendecidos con toda bendición espiritual en Cristo. Las bendiciones vienen sobre nosotros y nos alcanzan.

Mi familia, hogar, matrimonio y mis hijos son benditos, y el Señor enviará Su bendición sobre todo lo que hago. Soy bendito en mi entrar, y bendito en mi salir. El Señor ha establecido mi casa como pueblo santo suyo. Él nos hace sobreabundar en bienes, en el fruto de nuestros vientres, en el fruto de nuestras bestias y en el fruto de nuestra tierra. El Señor rodea a mi familia y a toda mi casa con Su favor como un escudo. No retiene ningún bien de nosotros. Su estandarte sobre mi hogar, matrimonio y familia es amor. Ninguna arma forjada contra nosotros como familia prosperará. Lo que el Señor ha bendecido, ninguno puede maldecir.

Habitamos bajo la sombra del Omnipotente y ningún mal nos sobrevendrá.

Mis hijos serán poderosos, porque las generaciones de los rectos serán benditas. Serán como señales y maravillas en la tierra.

Mis hijos florecerán como plantas de olivo alrededor de mi mesa, y el fruto del vientre es mi recompensa. Mis hijos son como flechas en la mano del guerrero. Mis hijos en su juventud son como plantíos florecientes, y mis hijas como columnas de esquinas labradas como las de un palacio.

Señor, tu pacto conmigo declara que Tu Espíritu que está sobre mí y Tus palabras que has puesto en mi boca no se apartarán de mi boca, ni de la boca de mis hijos, ni de la boca de los hijos de mis hijos. Todos mis hijos serán enseñados por el Señor, y grande será su paz y bienestar. En justicia serán establecidos, y estarán lejos de la opresión. No caerán en tentación, sino que serán librados del mal.

Yo confieso que mis hijos son puros de corazón, de tal manera que verán a Dios. Ellos tienen hambre y sed de justicia, por lo que serán saciados. El Espíritu del Señor se derrama sobre mis hijos y ellos profetizan. La bendición de Señor está sobre ellos. Brotarán entre la hierba como sauces junto a corrientes de agua. Uno dirá "Yo soy del Señor", y otro invocará el nombre de Jacob, y otro escribirá en su mano: "Del Señor soy".

Yo confieso que mis hijos buscan la sabiduría y el entendimiento. Ellos se aferran a Tu Palabra y a Tus caminos. Atesoran tus mandamientos y claman por discernimiento. El espíritu de sabiduría es derramado sobre mis hijos, y los hijos de mis hijos, y se les está dado a conocer palabras de sabiduría.

El Señor es poderoso para guardar a mi familia sin caída y los presenta sin mancha en presencia de la gloria del Padre con gran alegría.

Referencias bíblicas:

Josué 24:15; Hechos 2:17; 16:31; Efesios 1:3; Deuteronomio 28:1-12; Salmo 5:12; 84:11; 91:1, 10; 112:2; 127:3, 4; 128:3; 144:12; Cantares 2:4; Isaías 8:18; 59:21; 44:3-5; 54:12, 14, 17; Mateo 5:6,8, 6:13; Proverbios 1:23; 2:2, 3; Judas 24

Gran gracia

 G ran gracia me bendice abundantemente, me llena y me da poder cada día. La gracia de Dios (Su favor inmerecido y su influencia divina sobre mi corazón y en mi vida) me permite cumplir Su voluntad y propósito en y a través de mi vida.

La gracia del Señor Jesucristo produce en mí tanto el querer como el hacer para que se cumpla Su buena voluntad.

Soy salvo por gracia, justificado por gracia, y capacitado para cumplir Su obra diariamente a través de Su asombrosa gracia. Su gracia y paz son multiplicadas en mí cuando me humillo delante de Él. Conforme aumento en gracia y poder, haré señales y maravillas entre el pueblo para traer gloria a Dios.

Se me ha concedido gracia a través de Jesucristo para permitirme caminar en los dones y llamamientos que es mi destino cumplir. Jesús me ha invitado a venir confiadamente delante de Su trono de gracia para obtener misericordia y gracia que me ayude en tiempos difíciles. Tengo acceso libre a este glorioso privilegio a través de la sangre de Cristo.

No estoy bajo la Ley ni soy su esclavo, sino disfruto de la gracia de Dios quien cumplió la Ley por mí a través de Cristo. Tengo el cumplimiento de la Ley dentro de mí a causa de la obra completa de la Cruz. La gracia asombrosa de Dios me ha concedido todo aquello que pertenece a la vida y a la piedad. No he hecho nada para merecer esta bondad y favor, sino que es un regalo que se me ha dado a causa de Su gran amor por mí.

Escojo vivir mi vida de manera digna de la gracia de Dios. Permito que Su gracia me motive a cumplir Su voluntad y Sus propósitos y que me equipe para traer gloria a Su nombre. La gracia de Dios me enseña a vivir una vida santa y a rechazar el pecado. Su gracia me da un corazón que desea y ama la justicia. Como resultado, amo la justicia y la rectitud, y odio el mal. He sido ungido con el aceite de gozo en gran medida.

La gracia de mi Señor Jesucristo me concede favor y éxito dondequiera que voy y en todo lo que hago conforme le sigo a Él. Así como la gracia se me ha concedido a mí, yo doy gracia a otros y por tal motivo les muestro la bondad y el amor de Dios. De gracia he recibido, así que doy de gracia.

Hoy recibo medidas incrementadas y multiplicadas de Su gracia asombrosa. Eternamente estaré agradecido con Dios por Su don glorioso de gracia asombrosa, y por tal motivo proclamo Su gracia y paz a otros.

Referencias bíblicas:

Mateo 10:8; Juan 1:16; Hechos 15:11; Romanos 6:7; Efesios 1:2; 2:5-8; Filipenses 2:13; 2 Timoteo 1:9; Hebreos 4:16; Santiago 4:6; 2 Pedro 1:2-4

Rejuvenecimiento

Bendice, alma mía, al Señor,
Y bendiga todo mi ser su santo nombre.
Bendice, alma mía, al Señor,
Y no olvid[o] ninguno de sus beneficios.
Él es quien perdona todas [mis] iniquidades,
El que sana todas [mis] dolencias;
El que rescata de la fosa [mi] vida,
El que [me] corona de bondad y compasión;
El que colma de bien [mis] años
Para que mi juventud se renueve como el águila.
—Psalm 103:1-5 LBLA

En el nombre de Jesús, decreto que mi juventud se renueva como el águila, al renovarme en el espíritu de mi mente. Guardo mi corazón con toda diligencia porque de él fluye la vida. Lo que permito entrar a mi mente y a mi corazón afecta mi cuerpo y el estado de mi vida. Por tal motivo, mi cuerpo se rejuvenece a diario porque me enfoco en la verdad, en la bondad, y en los grandes beneficios del Señor.

No permito que el pecado entre en mi vida, y por tal motivo, no sufro las consecuencias del pecado (el espíritu de muerte que oprime al cuerpo y la mente). Si peco, me arrepiento y soy perdonado y limpiado de injusticia, culpa, condenación y vergüenza gracias a la gran misericordia de Cristo. Mi cuerpo está completamente libre del poder destructivo del pecado. La ley del espíritu de vida en Cristo Jesús me ha liberado de la ley del pecado y la muerte. No permito que entren a mi vida la falta de perdón, la amargura ni la ofensa. Por lo tanto, mi vida y mi cuerpo son libres de estos contaminantes destructivos.

Jesús es Vida y Luz. Las palabras que Él habla son espíritu y vida. Por tal motivo, continuamente me lleno de su Vida eterna y Luz cuando me enfoco en Él y bebo de Sus promesas, declarando que Su poder entra a mi cuerpo, alma y espíritu.

En el nombre de Jesús, convoco a Su Espíritu, Luz, y Vida a llenar cada célula, órgano y fibra de mi ser. Medito en Su Espíritu, Vida y Luz, mientras llenan mi mente, mis emociones, órganos en la cabeza, cuello, pecho, abdomen, espalda, piernas, brazos, piernas, pies y manos. "Ven, Espíritu, Vida y Luz de Cristo. Lléname. Renuévame". Declaro que cada órgano de mi cuerpo es renovado a través del poder de Cristo.

Le hablo a mi piel, (el órgano más grande de mi cuerpo) y le ordeno que se rejuvenezca y que su elasticidad sea totalmente restaurada. "Piel, recibe la gloria de Dios en el nombre de Jesús". Convoco a la gloria de Dios a que se levante, resplandezca y aparezca sobre mí, tal como lo profetizó Isaías y fue vista en Jesús y Moises.

Hablo a mi vista y función auditiva en el nombre de Jesús, y declaro que la excelencia y precisión entran a estos órganos de mi cuerpo. Ordeno salud y fuerza para todos mis huesos, músculos, tendones y articulaciones. Declaro que mi corazón y sistema circulatorio son fuertes y sanos. Mis pulmones y sistema respiratorio son vibrantes en Cristo, funcionando a niveles óptimos. En el nombre de Cristo, declaro salud y rejuvenecimiento a todos mis órganos y al sistema digestivo, endocrino, hormonal, imunológico, nervioso, eléctrico, reproductivo y de evacuación.

Cuido de mi mente y mis emociones, y como resultado, solo pienso en aquellas cosas que son verdaderas, honorables, justas, puras, amables, y de buen nombre. No tengo ansiedad de nada porque le entrego al Señor todo lo que me preocupa. Rechazo emociones y pensamientos negativos y le entrego a Él todas mis ansiedades porque Él tiene cuidado de mí. Como resultado, mi cuerpo, mente, y mis emociones no tienen estrés – solo paz. Estoy en perfecta paz porque mi mente y mi corazón están enfocados en Él. Tengo la mente de

Cristo, y mis procesos de pensamiento son agudos. Mi juventud se renueva a diario en Cristo. Permanezco en Él y su Su Vida fluye en y a través de mí.

Cuando estoy cansado, Dios me aumenta la fuerza. Cuando me faltan fuerzas, Él aumenta poder. Corro y no me canso. Camino y no desmayo, porque el Señor renueva mis fuerzas cuando espero en Él. Levanto mis alas como el águila.

Siempre produzco y estaré lleno de visión fresca todos los días de mi vida. Al igual que Caleb, seguiré cumpliendo el destino que Dios me ha dado aun después de los 85 años de vida, y estaré lleno de vida, energía y habilidad.

Me sumerjo en Su presencia y gloria. Recibo refrigerio e impartición en cada parte de mi ser. ¡Bendito sea el nombre del Señor que renueva y rejuvenece mi cuerpo, alma y espíritu a diario! De acuerdo al número de mis días, así serán mi fuerza. Estaré totalmente satisfecho en Cristo todos los días de mi vida.

Referencias bíblicas:

Éxodo 34:30; Josué14:11; Salmo 92:14; 103:1-5; Proverbios 4:23; Isaías 1:1-2; 26:3; 40:29-31; Mateo17:2; Juan1:9; 6:63; 7:37; 8:12; 9:5; 14:6; Romanos 6:23; 8:2; 1 Corintioss 2:16; Efesios 4:23; Filipenses 4:6-8; 1 Pedro 5:7

Soy sobrenatural en Cristo

Soy nueva creatura en Cristo Jesús. A través del Espíritu Santo, puedo hacer todas las obras que Jesús hizo, y aun mayores. Soy un ser sobrenatural a causa de mi nuevo nacimiento en Cristo. En mi hombre espiritual, soy totalmente justo y he sido hecho a la imagen y semejanza de Cristo. Se me ha dado Su naturaleza y carácter. Se me ha dado Su poder y gloria. Por medio de las promesas asombrosas de Cristo y Su gracia, soy lleno de todo lo que Él es y todo lo que Él tiene.

Milagros, señales y maravillas me siguen cuando predico las buenas nuevas del Reino, porque el Señor mismo confirma la Palabra que yo proclamo. En el nombre glorioso de Jesús, creo luz en las tinieblas y orden en el caos al llamar las cosas que no son como si fueran.

En Cristo, tengo poder sobre todas las obras del enemigo y nada me daña. Las fortalezas de enfermedad, opresión, posesión y ataques demoníacos están bajo mis pies cuando tomo dominio en Cristo.

Voy hacia adelante en el nombre poderoso de Jesús, el cual es más poderoso y tiene más autoridad que cualquier otro nombre.

Se me ha otorgado la dimensión invisible del Reino de Dios a través del pacto eterno e inquebrantable que Cristo hizo a mi favor. A mi Padre Celestial le ha placido darme el Reino. Tengo acceso a la sala del trono y a las dimensiones celestiales por fe a través de la sangre de Cristo. Entro confiadamente al trono de la gracia y obtengo gracia y misericordia en mi tiempo de necesidad.

Los ojos de mi corazón y de mi entendimiento han sido abiertos por el Espíritu de Dios, para que yo conozca la esperanza de mi llamamiento en Cristo. El Dios de mi Señor Jesucristo, el Padre de gloria, me da el espíritu de sabiduría y de revelación del conocimiento de Dios y abre mi entendimiento para que pueda entender la increíble grandeza del poder de Dios para conmigo y todos los que creemos en Él, según la operación del poder de Su fuerza. Estoy sentado con Cristo a la diestra del Padre en lugares celestiales, sobre todo principado y autoridad y poder y señorío, y sobre todo nombre que se nombra, no sólo en este siglo, sino también en el venidero.

Por medio de Cristo, he llegado a la ciudad del Dios viviente, a la Jerusalén celestial, y a multitudes innumerables de ángeles, a la asamblea general y la iglesia de los primeros que están inscritos en el cielo, y a Dios, el Juez de todo, y a los espíritus de los justos hecho perfectos, y a Jesús, el mediador de un pacto nuevo, y a la sangre rociada, que habla mejor que la sangre de Abel.

He recibido un reino insacudible, y por eso demuestro mi gratitud al ofrecer a Dios un servicio aceptable con reverencia y asombro. Mi Dios es fuego consumidor.

Soy un ser eterno y la Vida Eterna mora dentro de mí. Por lo mismo, no estoy limitado a las restricciones del tiempo y la distancia. Conforme el Espíritu guíe, puedo realizar actos sobrenaturales como Jesús, tales como caminar sobre el agua, atravesar paredes, alimentar a multitudes con provisión milagrosa, cambiar sustancias como agua a vino, alterar patrones del clima, ser elevado de la tierra, levantar a los muertos, y obrar milagros extraordinarios.

Los ángeles son despachados a ejecutar misiones divinas cuando declaro la Palabra de Dios, porque ellos obedecen la Palabra del Señor cuando yo la declaro. Las palabras de Jesús son Espíritu y Vida.

Ángeles ascienden y descienden sobre mí porque Cristo mora en mí. Son espíritus que ministran, enviados por Dios para ayudarme en mi misión en la tierra. Aun cuando no los siento ni los veo, están conmigo para protegerme y ministrarme. Como un ser sobrenatural, mis sentidos se ejercitan para discernir el bien y el mal – y yo elijo el bien. Puedo ver, oír y sentir el Reino invisible a mi alrededor.

Soy templo del Espíritu Santo. Mi ser se llena de gloria cuando recuerdo y proclamo las bondades de Dios. El Señor es bueno y su misericordia es para siempre. Porque Cristo mora en mí, vivo bajo un cielo abierto, y bendiciones vienen sobre mí y me alcanzan. Soy bendecido con toda bendición espiritual en los lugares celestiales en Cristo.

Soy un ser sobrenatural que está teniendo encuentros con Cristo y Su Reino. Traigo gloria a Diios a través de mi obediencia a Él y la palabra de mi testimonio.

Referencias bíblicas:

Génesis 1:1-3; Deuteronomio 28:1-2; 2 Reyes 6:15-17; 2 Crónicas 5:13-14; Salmo 91:11-13; 103:20; Mateo 8:23-27; 10:7-8; 14:22-29; Marcos 6:33-44; 16:20; Lucas10:19; 12:32; Juan 1:51; 2:1-10; 3:16; 6:63; 10:27; 14:12; 17:22; 20:19; Hechos 1:9; 19:11; Romanos 4:17; 8:14; 1 Corintios 3:16; 2 Corintios 5:17,21; Efesios 1:3; 1:17-20, 2:6; Filipenses 2:9-10; Hebreos 1:14; 5:14; 4:16; 10:19-22; 12:22-24, 28-29; 2 Pedro 1:3-4; Apocalipsis 12:11

12 Decretos para Mi Nación

*E*n el nombre de Jesús, yo decreto que mi nación se está volviendo a Dios y está abrazando la verdad de Su Palabra.

En el nombre de Jesús, yo decreto que la convicción activa, santa, y poderosa del Espíritu Santo está visitando a cada persona en mi nación, atrayendo a las almas a tener un verdadero encuentro con Cristo.

En el nombre de Jesús, yo declaro que todos los que sirven a la nación en puestos de gobierno son visitados por la rectitud, verdad y justicia de Dios, y que viven en la plenitud de la sabiduría de Cristo en todo lo que hacen. Declaro que cualquier corrupción en el gobierno será puesto al descubierto y que se tratará con ella en sabiduría y justicia a fin de que la nación sea purificada.

En el nombre de Jesús, yo decreto que los líderes, los sistemas y las instituciones de educación de mi nación están siendo llenos con valores del Reino, sabiduría, convicción y verdad.

En el nombre de Jesús, declaro que el cuerpo de Cristo en mi nación está caminando con el Señor, sirviéndole con total enfoque, sinceridad de fe, y en la demostración del poder del Espíritu.

En el nonbre de Jesús, decreto que los que viven en mi nación cuentan con buena salud y reciben servicios y cuidados de la salud excelentes. Declaro que todos viven en la salud y la fuerza del Señor.

En el nombre de Jesús, declaro que los medios de comunicación en mi nación comunican virtudes y valores santos, y que el evangelio es favorecido en los medios.

En el nombre de Jesús, decreto que cada empresa y negocio y santo en mi nación florece, y que cada empresa y negocio corrupto es expuesto y cae. Declaro prosperidad y gran productividad en mi nación como resultado de santidad, a fin de que cada persona tenga todo lo que necesite.

En el nombre de Jesús, declaro que los matrimonios y las familias en mi nación son bendecidos con amor, gozo y paz, y que cada hogar está lleno con la bondad de Dios.

En el nombre de Jesús, decreto que el cuerpo de Cristo es mobilizado a los campos de siega en mi nación y que están levantando mucho fruto.

En el nombre de Jesús, decreto que la justicia prospera en mi nación en cada esfera de la vida y que la anarquía y la corrupción no tienen lugar,.

¡JESÚS ES SEÑOR SOBRE MI NACIÓN!

El poder de la oración

Mis oraciones son poderosas. Cada oración que oro es conforme a la voluntad de Dios y me es concedida. Cuando oro, creo que ya lo he recibido y que he obtenido la petición que le pedí. Mi Padre Celestial me contesta cada oración que elevo en el Nombre de Jesús, para que mi gozo sea completo. Cuando le pido a mi Padre Celestial, pido en fe, sin dudar, porque todas las cosas son posibles para aquellos que creen.

Referencias bíblicas:
1 Juan 5:14-15; Marcos 9:23; 11:24 ; Juan 15:16; 16:24; Santiago 1:5-6

Mi lista de oración

Fecha de la Oración	Petición	Promesa Bíblica	Fecha Contestada

Notas:

_____

_____

_____

_____

_____

_____

Mi lista de oración

Fecha de la Oración	Petición	Promesa Bíblica	Fecha Contestada

Notas:

_____

_____

_____

_____

_____

Mi lista de oración

Fecha de la Oración	Petición	Promesa Bíblica	Fecha Contestada

Notas:

_____

_____

_____

_____

_____

_____

Mi lista de oración

Fecha de la Oración	Petición	Promesa Bíblica	Fecha Contestada

Notas:

_____

_____

_____

_____

_____

Decretos personales

Decretos personales

DECRETA UNA COSA Y SERÁ FIRME

ACERCA DE PATRICIA KING

Patricia King es una ministra del evangelio altamente respetada a nivel internacional. Ha servido fielmente al Señor por más de treinta años en diferentes capacidades, como conferencista, profeta, pastora, autora, maestra, y anfitriona de programas de televisión. Ella es fundadora de Patricia King Ministries, Women in Ministries Network – una red que celebra a las mujeres que sirven en cualquier área de ministerio dentro de las siete montañas (esferas) de influencia – y es co-fundadora de XPmedia.com – un sitio de internet que ofrece gran diversidad de videos con mensajes, enseñanzas, palabras proféticas, etc. por parte de ministros y otras voces reconocidas con alcance mundial. Además, ha escrito muchos libros, producido CDs y DVDs, y es anfitriona del programa de televisión "Patricia King— Everlasting Love" (Patricia King—Amor Eterno).

Conexiones:
Sitio web Patricia King: PatriciaKing.com
Facebook: Facebook.com/PatriciaKingPage
Patricia King Institute: PatriciaKingInstitute.com
Women on the Frontlines y Women in Ministry Network: Woflglobal.com
Programa de televisión Patricia King – Everlasting Love y muchos otros videos: XPmedia.com

LIBROS DE PATRICIA KING EN ESPAÑOL

Decreta – *una cosa y será establecida.*
Decretos basados en la Biblia sobre favor, salud, prosperidad, victoria, ministerio, sabiduría, familia, y muchos más.

7 Decretos para 7 Días
Decretos diarios en las áreas de Dios, sabiduría, bendición, favor, protección, salud, y provisión financiera

Desarrolla Tus Cinco Sentidos Espirituales – Ve, escucha, huele, saborea y siente el mundo invisible en tu derredor

La Unción de Reabastecimiento
Revelación y claves para vivir en aumento sobrenatural

La Buena Vida – Claves para vivir la vida plena, próspera, y llena de propósito para la cual fuiste creado.

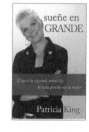

Sueñe en Grande
Cómo la segunda mitad de la vida puede ser la mejor

La Revolución Espiritual
Visitaciones angelicales, sueños proféticos, visiones y milagros

La Luz Pertenece a las Tinieblas
Encuentre su lugar en la cosecha divina en el final de los tiempos

Adquiérelos en Patriciaking.com y Amazon.com
Mayoreo: resourcemanager@patriciaking.com

t